CRÉATION

D'UN

MINISTÈRE D'HYGIÈNE PUBLIQUE

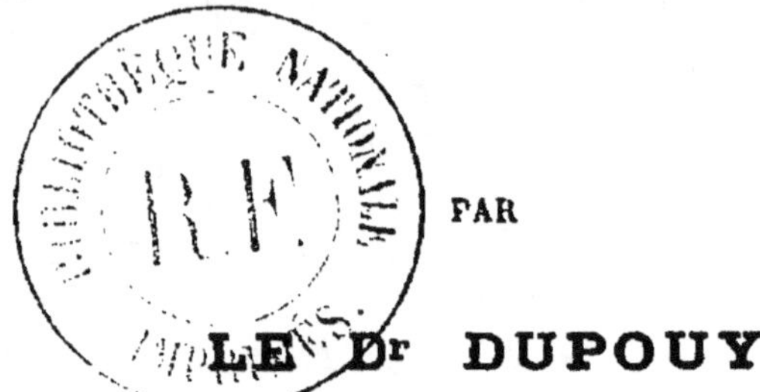

PAR

LE Dr DUPOUY

Médecin du bureau de bienfaisance du troisième arrondissement de Paris,
Chirurgien-Major du 144e bataillon de la garde nationale,
Lauréat de la Société Médico-psychologique, Prix Aubanel, 1868,
Lauréat médaille d'or, Prix Esquirol, 1865.

Extrait de *la Tribune médicale* du 11 septembre 1870.

PARIS

IMPRIMERIE VICTOR GOUPY,

5, RUE GARANCIÈRE, 5.

—

1870

PRÉFACE

—

Nécessité d'une grande administration publique ayant pour objet le développement physique et moral du Peuple.

—

En annonçant l'élection du Dr Turigny comme conseiller général de son département, je disais, il y a huit jours, que de tels hommes étaient prêts pour l'œuvre de reconstitution qui s'ouvrait devant nous. Je ne le disais pas comme j'aurais voulu pouvoir le dire; mais il suffit de se faire comprendre.

Au milieu même des efforts de la résistance suprême, il faut poser les questions organiques.

La liberté et l'égalité sont de vains mots si ceux qui en jouissent ou sont censés en jouir, manquent tout à la fois d'air, de lumière, de chaleur et d'une bonne alimentation. C'est l'espace ouvert devant la paralytisie.

On a dit que personne ne mourait de faim en

France, à la différence de l'Angleterre, où, dernièrement encore, un coroner se voyait forcé de déclarer, dans son verdict, qu'une femme trouvée morte dans la rue avait péri d'inanition.

Il faut s'entendre. L'inanition *aigüe* est rare chez nous; mais l'inanition *chronique* est la règle pour une grande partie de la population.

Inanition lente, graduelle, dégradante pour le corps et pour l'esprit. On le verra aux tableaux hideux et déchirants rapprochés par mon jeune collaborateur et ami, le Dr Edmond Dupouy, dans le travail qui va suivre. Ces tableaux ne sont que trop connus, mais il faut les reproduire sans cesse. Quel courage il a fallu à ces anatomo-pathologistes du travail national, Villermé, Blanqui, Dr Guépin, Lamartine, pour procéder à cette dissection, plus affreuse que celle qui tua Bichat! Car la putréfaction dans la mort est naturelle et nécessaire : c'est le grand moyen de la récorporation universelle par la restitution; mais la putréfaction dans le vif est contre-nature, antinomique, subversive et exécrable.

J'avais demandé, dans ces colonnes, la création d'un *ministère de la santé publique*. La dénomination proposée par M. Edmond Dupouy (ministère de l'hygiène publique), d'abord employée incidemment par M. Michel Lévy, est préférable.

Les grands administrateurs du dernier régime auraient ri de cette proposition si elle était parvenu jusqu'à eux. Il n'y a pas à rire.

Il en est de l'être collectif comme de l'être particulier. La condition *sine quâ non* pour l'un comme pour l'autre est de se bien porter. La puissance physique individuelle est la base de la défense nationale; vient ensuite le bon emploi qu'on en sait faire et qui a manqué si déplorablement dans les circonstances désastreuses et pourtant glorieuses que nous traversons. Pour penser sainement, pour vouloir et agir énergiquement, il faut, dans le peuple comme dans l'individu, santé et vigueur. Nous ne nous sommes pas assez occupé de ces questions, et nous en subissons la peine.

Nous pouvons, dans le présent ou dans l'avenir, réparer nos pertes et reprendre notre rang, mais nous le pouvons à une seule condition, à une condition absolue, c'est que le Peuple Français soit une armée; que chaque citoyen soit un soldat.

Or, précisément, les exercices militaires, maniement du fusil, anœuvre du canon, marche aux divers pas, attaques simulées, etc., sont la meilleure des gymnastiques, parce qu'ils comportent un degré d'intérêt et d'excitation auquel n'atteignent pas les exercices de la gymnastique classique. Mais pour astreindre des hommes à de forts exercices, il faut qu'ils aient des muscles, et pour qu'ils aient des muscles, il faut que leur travail leur procure les moyens de se nourrir, de se loger et se vêtir convenablement.

Certes, il suffirait désormais à la gloire de la France d'être la première puissance intellectuelle; la première, parce que la nation qui a allumé le flambeau de 89 et promulgué la déclaration des Droits de l'homme est au-dessus de toutes les autres dans l'ordre de la philosophie politique. La France est le grand levain, et quiconque en prendra un morceau sera assimilé par elle, outre que l'assimilation révolutionnaire par la voie lente est la destinée de l'Europe.

Mais, même dans cette donnée, il faudrait qu'elle pût défendre ce qui lui resterait. Or, un peuple ne se défend contre la force que par la force, et pour avoir de la force, il faut de bonnes conditions hygiéniques, physiques et morales. On fait un peuple nerveux avec du pain et des émotions. On fait un peuple vigoureux avec de la viande et de l'exercice. Il y a certainement la question de race. Mais on peut modifier la race, du moins physiquement. Personne n'empêchera jamais le Français de rire de tout, même de ses malheurs; mais, en le nourrissant bien, on peut lui demander la même quantité de travail musculaire qu'à l'Anglais. L'expérience en a été faite.

Le chef du nouveau département ministériel est désigné. Ce serait l'ancien rédacteur du *National* de 1830, du temps de Carrel, le traducteur d'Hippocrate, un homme en qui se résume la science contemporaine et à qui j'ai souvent rendu hommage dans ce journal, tout en faisant mes réserves, que je maintiens plus que jamais, sur les questions de sentiment et de foi. La direction de la statistique comparée trouverait un digne chef en M. Guillard, l'auteur de la *Démographie*; celle de la statistique nationale en trouverait un non moins préparé en M. Bertillon ; et un service de l'hygiène morale, qui comprendrait l'administration des maisons et asiles d'aliénés, fournirait à M. Dupouy les moyens d'appliquer les vues nouvelles que lui a suggérées une précoce et judicieuse observation.

Ne fût-ce que du point de vue de la défense nationale, la création d'un ministère de l'hygiène publique est de nécessité immédiate, et il serait profondément regrettable que la République ne s'assurât point dès à présent l'impérissable honneur d'une telle initiative.

MARCHAL (DE CALVI).

CRÉATION D'UN MINISTÈRE

D'HYGIÈNE PUBLIQUE

Combien de fois déjà d'éminents économistes, de grands philosophes n'ont-ils pas, depuis le commencement du siècle, jeté avec orgueil un regard vers le passé et constaté la marche essentiellement progressive de la prospérité nationale. Dans cette étude de la science politique, dans cette comparaison des époques, ils nous ont fait voir, en effet, un grand peuple ayant acquis une instruction suffisante pour comprendre les douleurs de la servitude, envisageant de sang-froid les efforts qu'il lui faudra faire pour conquérir sa liberté.... Ils nous ont montré la révolution inaugurant l'âge héroïque du travail, nivelant les inégalités qui affligeaient l'humanité; la liberté politique et individuelle devenant le partage de tous; l'homme de la campagne justement propriétaire; l'artisan affranchi des monopoles; en un mot, les capitaux et les propriétés se divisant au profit du travail et de l'économie.

Ce tableau de notre état social est certainement d'une grande éloquence. Mais quand on scrute dans leurs détails les différents problèmes sociaux non encore résolus, on arrive à se poser cette question : Cette civilisation dont nous sommes si fiers, doit-elle un jour arriver à son déclin ou tout au moins à cet état stationnaire, avenir de tant de choses humaines ? — Hélas, il faut l'avouer, la sociologie n'a guère progressé qu'en théorie jusqu'à présent, et chaque jour il faut prendre l'idée pour la transformer en fait. Mais ce ne sera pas l'œuvre d'un jour ni d'une session législative. C'est pendant de nombreuses années, qu'il nous faudra encore faire appel à l'initiative de plusieurs, au concours de chacun, au dévouement de tous, et c'est toujours qu'il faudra, pour enfin atteindre le but, guider nos pas sur les principes les plus sévères de la morale, de la justice et de la vérité.

Ce n'est pas là une déclaration vaine et banale, ni l'idée misanthropique d'un esprit inquiet. C'est la pensée qu'on trouve dans toutes les intelligences aptes à une réflexion sérieuse. C'est le mot qui s'échappe de toutes les lèvres et qu'un inconnu, ami sincère de son pays, dit aujourd'hui avec conviction.

Etranger aux sphères administratives et à la science difficile de la politique, cet inconnu avoue franchement son incompétence quant à la solution générale de ces graves questions d'économie sociale. Son but unique est d'apporter une pierre à la construction de l'édifice, et c'est dans cette pensée qn'il livre aujourd'hui à la critique et à la sanction de ses pairs les vues qui résultent de ses observations et de ses recherches.

I

Sans chercher à établir dans ces quelques
pages, le nombre des ennemis de notre avenir,
sans nous arrêter à l'étiologie de toutes nos misères sociales, nous dénoncerons cependant *a
priori* la dégénérescence morale, corollaire forcé
de la dégénérescence physique.

Oui, il y a là un triste aveu à se faire. Arri-
vés à un certain degré de civilisation, les peuples
éprouvent un changement dans leur sentiment,
un amoindrissement de la conscience, en même
temps qu'une altération dans le type de la santé et
de la vie. En un mot, nos populations s'étio-
lent, nos populations des cités ouvrières surtout.
Philosophes, observateurs, allez dans les fau-
bourgs de nos villes manufacturières ; étudiez
les mœurs de ces ilotes de la civilisation, exami-
nez ces êtres chétifs exténués par le travail, la
débauche et la misère; ces générations, produit
de dix générations successives appauvries par le
défaut d'alimentation, d'air et de soleil. Comptez
le nombre des familles qui croupissent héréditai-
rement dans ces cloaques infects et malsains de
Lyon, de Rouen, de Lille, de Paris, et faites
le compte des individus phthisiques, fous, scrofuleux, alcooliques, *dégénérés*, qu'il y a dans
chacune. Observez de près leurs mœurs : vous

verrez dans la même chambre le grabat du père à côté de celui de la jeune fille, le fils coudoyant la concubine, l'amant en contact avec la fille ; la pauvreté, la misère sous toutes ses formes ; l'impureté du lieu, de l'air, de la nourriture, des mœurs et des sentiments.

D'un autre côté, assistez aux consultations publiques dans les hospices d'enfants, vous verrez encore la scrofule, la syphilis, la phthisie sous tous leurs aspects ; dans les hôpitaux d'adultes, ce sera encore en grande partie la même chose : syphilis, phthisie, scrofule. Dans nos hospices de la vieillesse, navrant spectacle, restes hideux d'êtres humains qu'on parque dans des espaces de plus en plus limités, pour laisser la place aux fous de plus en plus nombreux. Et cependant de tous les côtés on bâtit et on peuple des asiles, car la France compte aujourd'hui plus de 40,000 aliénés...

Voilà le bilan de la classe inférieure.

En veut-on des preuves ? En voici :

II

Au moment de faire pénétrer ses lecteurs dans les quartiers infâmes où les ouvriers de Rouen venaient s'engloutir, leur journée faite, M. Blanqui s'écriait :

« Je me suis résolu à signaler le mal dans toute son horreur et à faire un appel parti du fond de l'âme à tous les hommes d'honneur, à toutes les mères de famille, pour conjurer ce fléau trop peu connu aujourd'hui. »

Comment ne pas s'émouvoir, en effet ?

« Oui, il existe à Rouen des repaires, mal à propos honorés du nom d'habitation, où l'espèce humaine respire un air vicié qui tue au lieu de faire vivre, qui attaque les enfants dans le sein de leur mère, et qui les conduit à une décrépitude précoce, à travers les maladies les plus tristes : la scrofule, le rhumatisme, la phthisie pulmonaire. Les pauvres enfants qui échappent au vice, dans ces mortelles demeures, finissent par tomber dans l'imbécillité. Quand ils arrivent à vingt ans, on n'en trouve pas dix sur cent capables de devenir soldats : la misère, les privations, le froid, le mauvais air, le mauvais exemple, les ont amaigris, atrophiés, corrompus, démoralisés. »

Et plus loin :

« On n'entre dans ces maisons que par des allées basses, étroites et obscures, où souvent un

homme ne peut se tenir debout. Les allées servent
de lit à un ruisseau fétide chargé des eaux gras-
ses et des immondices de toute espèce qui pleuvent
de tous les étages et qui séjournent dans de peti-
tes cours mal pavées, en flaques pestilentielles.
On y monte par des escaliers en spirale, sans
garde-fou, sans lumière, hérissés d'aspérités pro-
duites par des ordures pétrifiées ; et l'on aborde
ainsi de sinistres réduits, bas, mal fermés, mal
couverts, presque toujours dépourvus de meubles et d'ustensiles de ménage. Le foyer domesti-
que des malheureux habitants de ces réduits se
compose d'une litière effondrée, sans draps ni
couvertures ; et leur vaisselle consiste en un pot
de bois ou de grès écorné qui sert à tous les usa-
ges. Les enfants plus jeunes couchent sur un sac
de cendres ; le reste de la famille se plonge pêle-
pêle, père et enfants, frères et sœurs, dans cette
litière indescriptible comme les mystères qu'elle
recouvre. Il faut que personne en France n'ignore
qu'il existe des milliers d'hommes parmi nous
dans une position pire que l'état sauvage ; car les
sauvages ont de l'air, et les habitants du quartier
Saint-Vivien n'en ont pas ! »

Après avoir conduit ses lecteurs à Rouen,
M. Blanqui les menait à Lille, et, arrivé dans
cette industrieuse cité, il leur montrait (Je cite) :
« Une portion considérable de la population ma-
nufacturière qui semble vouée à des misères in-
connues de l'état sauvage. »

Cela ressemble beaucoup, direz-vous, à ce que
nous venons de voir à Rouen. Non, Rouen était
dépassé. Cette « population de parias », ainsi que
l'appelle M. Blanqui, habitait des caves situées à
deux ou trois mètres au-dessous de sol, ne rece-
vant l'air et le jour que par la porte d'un escalier

donnant sur la rue ; leur étendue était rarement de deux mètres et demi de hauteur sur cinq mètres de côté, et il y en avait une infinité dont les proportions étaient moindres. Mais écoutons M. Blanqui :

« C'est un spectacle vraiment effrayant que celui de ces ombres humaines, dont la tête arrive à peine à la hauteur de nos pieds, quand le demi-jour qui les éclaire permet de les apercevoir du haut de la rue. Mais nulle plume ne saurait décrire avec une exacte vérité, pour qui s'est hasardé à y descendre, l'épouvantable aspect de ces asiles, capables de faire envier aux hommes les repaires des hôtes de nos forêts... »

Et quelques lignes plus loin :

« Le plus souvent ils couchent tous sur la terre nue, sur des débris de paille de colza, sur des fanes de pommes de terre desséchées, sur du sable, sur les déblais péniblement recueillis dans le travail du jour. Le gouffre où ils végètent est entièrement dépourvu de meubles ; et ce n'est qu'aux plus fortunés qu'il est donné de posséder un poêle flamand, une chaise de bois et quelques ustensiles de ménage.

« A l'heure où nous parlons, plus de 3,000 de nos concitoyens vivent de cette horrible existence dans les caves de la ville de Lille, si justement renommée par l'esprit charitable et chrétien de ses habitants. Oui, il y a des femmes qui ne mangent pour toute nourriture que deux kilogrammes de pain par semaine, et si maigres que leur corps est presque diaphane ; il y a des milliers d'enfants qui naissent seulement pour mourir d'une longue agonie. Le docteur Gosselet, médecin distingué de Lille, qui a publié le chiffre des victimes de ce martyrologe, s'écrie en finissant : « Il y a donc chez nous autre chose que la misère pour causer de telles pertes au début de la vie ! A ce fléau il faut une barrière ; il faut qu'en France on ne puisse pas dire un jour que, sur 21,000 enfants il en est mort avant l'âge de cinq ans 20,700 ! »

M. Villermé avait visité, huit années avant M. Blanqui, les centres manufacturiers qui furent l'objet du rapport de ce dernier. Le livre de M. Villermé (Tableau de l'état physique et moral des ouvriers employés dans les manufactures de coton, de laine et de soie), confirmait par anticipation les observations de son confrère.

Après avoir décrit les caves lilloises, M. Villermé disait :

« Je voudrais ne rien ajouter à ce détail de choses hideuses qui révèlent, au premier coup d'œil, la profonde misère des malheureux habitants ; mais je dois dire que dans plusieurs des lits dont je viens de parler, j'ai vu reposer ensemble des individus des deux sexes et d'âge différent, la plupart sans chemise et d'une saleté repoussante. Père, mère, enfants, vieillards, adultes s'y pressent, s'y entassent. Je m'arrête, le lecteur achevera ce tableau ; mais je le préviens que, s'il tient à le voir fidèle, son imagination ne doit reculer devant aucun des mystères dégoutants qui s'accomplissent sur ces couches impures au sein de l'obscurité et de l'ivresse. »

En note, M. Villermé ajoutait :

« Deux médecins et un commissaire de police m'ont dit savoir, d'une manière certaine, que des *incestes* sont quelquefois commis, et d'autres personnes m'ont affirmé avoir entendu des ouvriers se les reprocher dans leurs disputes. »

Dans une autre note, M. Villermé disait à propos des caves :

« Je ne donnerais pas une idée complète de ces logements, si je n'ajoutais que, pour tous ceux qui habitent plusieurs des cours dont il s'agit, c'est-à-dire pour des centaines d'individus quelquefois, il n'y a qu'un ou deux de ces cabinets indispensables à la propreté des villes. Aussi le soir, quand les ouvriers viennent de rentrer chez eux, voit-on communément les femmes sortir des allées, s'arrêter au-dessus du ruisseau de la rue, et là, devant les passants et coudoyées par eux, faire sans honte ce qu'ailleurs elles ne feraient jamais en public. »

Encore quelques lignes, et nous quitterons cette industrieuse cité de Lille.

Ces lignes, nous les empruntons à un Rapport à la municipalité sur les moyens à prendre immédiatement contre le choléra. Ce rapport, écrit par le conseil de salubrité du département du Nord, date du 1er avril 1832.

« Et le pauvre lui-même, dit le rapport, comment est-il au milieu d'un pareil taudis ?

(Le rapport vient de dire : « On est fatigué dans ces réduits d'une odeur fade, nauséabonde, quoique un peu piquante, odeur de saleté, odeur d'ordure, odeur d'homme, etc. »)

Il répond ainsi à la question posée :

« Ses vêtements sont en lambeaux, sans consistance, consommés, recouverts, aussi bien que ses cheveux, qui ne connaissent pas le peigne, des matières de l'atelier. Et sa peau ? Sa peau, bien que sale, on la reconnaît sur sa face ; mais sur le corps, elle est peinte, elle est cachée, si vous le voulez, par les insensibles dépôts d'exsudation diverses. Rien n'est plus horriblement sale que ces pauvres démoralisés. Quant à leurs enfants, ils sont décolorés ; ils sont maigres, chétifs, vieux, oui, vieux et ridés ; leur ventre est gros et leurs membres sont émaciés ; leur colonne vertébrale est courbée ou leurs jambes sont torses ; leur cou est couturé ou garni de glandes ; leurs doigts sont ulcérés et leurs os gonflés et ramollis ; enfin, ces petits malheureux sont tourmentés, dévorés par les insectes. »

De son côté, le docteur Guépin, transportant ses lecteurs dans une de ces cités intermédiaires aux villes de grande industrie et aux places de troisième ordre, décrivait en ces termes l'habitation des ouvriers de Nantes :

« Si vous voulez savoir comment ils se logent, entrez dans une de ces rues où ils se trouvent parqués par la misère... entrez en baissant la tête dans un de ces cloaques ouverts sur la rue, et situés au-dessous de son niveau ; l'air y est froid et humide comme dans une cave ; les pieds glissent sur un sol malpropre et l'on craint de tomber dans la fange. De chaque côté de l'allée, qui est en pente, il y a une chambre sombre, grande, glacée, dont les murs suintent une eau sale, et qui ne reçoit l'air que par une méchante fenêtre, trop petite pour donner passage à la lumière, et trop mauvaise pour bien clore. Poussez la porte et entrez si l'air fétide ne vous fait pas reculer. Ici deux ou trois lits raccommodés avec de la ficelle qui n'a pas bien résisté ; ils sont vermoulus et penchés sur leurs supports ; une paillasse, une couverture formée de lambeaux frangés, rarement lavée parce qu'elle est seule ; quelquefois des draps et un oreiller : voilà le dedans du lit. Aux autres étages, les chambres plus sèches et mieux éclairées, sont également sales et misérables ; les enfants passent leur vie dans la boue des ruisseaux ; pâles, bouffis, étiolés, les yeux rouges et chas-

sieux, rongés par des ophthalmies, scrofuleux, ils
font peine à voir... »

Quelques mots maintenant sur Lyon, sur la
condition et les mœurs de « cette tribu de parias
européens appelés canuts », suivant l'expression
de Lamartine, dans sa biographie de Jacquart.
C'est à cet auteur que nous emprunterons encore
les lignes suivantes, qui sont la description la
plus exacte de cette Damas de l'Occident, de cette
Sidon de la France, qu'on appelle Lyon :

« Entrons dans ce faubourg de Lyon. Les toits,
noircis par la fumée des machines et par la vapeur
des chaudières où l'on teint les laines et les soies,
sortent à peine du brouillard de la rue ; on sent
peser d'en haut, sur ces maisons, un miasme
lourd, éternel, invisible ; le vent frais qui suit le
courant des deux fleuves s'efforce vainement de
rejeter ces lambeaux de brume sur les collines.
La brise du Rhône et de la Saône ne parvient à
arracher au soleil que quelques rayons pluvieux
qui semblent répugner à salir leur lumière par
le contact de cette haleine immonde d'une ville
de feu et de bruit.

« A droite et à gauche de ce faubourg, artère
malsaine d'un corps souffrant, s'élèvent des rues
grimpantes, étroites, tortueuses, entrecoupées de
degrés de pierre bordées des deux côtés de maisons à quatre ou six étages qui se disputent l'air,
le jour, et qui, n'ayant pas sur le sol assez de
place pour s'étendre, montent les unes à l'envi
des autres pour conquérir l'espace sur le ciel.
Leurs murs noirâtres et tachés de teintes vertes
sont percés de milliers de fenêtres...

« Si vous pénétrez dans une de ces maisons ou
de ces fourmilières humaines, vous trouverez
d'abord une étroite, longue et sombre voûte qu'on

appelle une allée ; une rigole humide et fétide la borde des deux côtés pour écouler la sueur de la maison dans le ruisseau de la rue. Vous glissez dans la fange toujours détrempée, que les pieds boueux des habitants ou des visiteurs entretiennent sans cesse dans ce supplément de l'égout, portique d'un cloaque. L'allée vous conduit à un escalier commun aux deux cents habitants qui peuplent cette demeure ; les marches, usées par le frottement des souliers ferrés, suintent, comme le pavé de l'allée, d'une humidité fétide. A chaque pallier, des portes entr'ouvertes laissent s'exhaler l'émanation souterraine d'autres égouts. A côté, et à l'odeur de ces immondices, huit ou dix autres portes, hermétiquement fermées, ne laissent entendre à l'intérieur que des vagissements d'enfants, des impatiences de mères, interrompues dans leur ouvrage par ces soifs de leurs mamelles. Ces bruits sont entrecoupés par le bruit sourd des pédales du métier, qui ne se repose jamais. Montez, redescendez, suivez les paliers et les corridors de ce labyrinthe sans guide. C'est partout le même aspect, le même murmure : vaste geôle du travail dont on n'aperçoit pas les geôliers !...

« Toute la famille porte dans ses attitudes et dans ses traits l'empreinte de la profession sédentaire, renfermée, immobile ou torturée, qui l'emprisonne dans ces cellules du travail : la taille courte, les jambes cagneuses, les genoux gros, les pieds longs, les épaules hautes, la poitrine rentrée, les bras grêles, les doigts maigres, les joues creuses, le teint hâve, les yeux ternes. Les lèvres épaisses sont fendues par un ricanement trivial et triste ; les yeux gros, ronds, démesurément ouverts, semblent frappés d'un perpétuel étonnement. »

En songeant à ce triste état de choses, en comparant cette race d'hommes au type primitif et robuste de nos ancêtres, on reste saisi de l'atroce misère qu'inflige aux populations manufacturières notre luxueuse civilisation.

Qu'on ajoute à cet émouvant tableau, peint par l'illustre poëte, les effets produits par les épidémies, par les maladies de toutes sortes qui sévissent éternellement sur ces malheureux...

Oui, le cœur est navré, car on sent son esprit impuissant à inventer le remède à de pareilles plaies sociales. Et cependant, quand, au-dessus de cet abîme, on se penche pour voir de plus près, quand on se laisse aller dans ce dédale repoussant où l'on est asphyxié par la misère, on aperçoit dans un coin obscur un homme dont l'œil austère calcule la grandeur du mal et les moyens de le combattre. Mais, le plus souvent, cet homme, le seul *homme* qui pénètre dans ces lieux, se retire en maudissant son impuissance. Quelquefois il croit trouver dans la science à laquelle il a consacré sa vie un palliatif léger ; alors il sort avec un aspect moins sombre... Mais, le plus souvent, comme l'alchimiste devant le grand œuvre, il songe avec désespoir aux difficultés de son entreprise.

Cet homme, c'est le médecin. Et c'est parce que c'est lui qui connaît le plus à fond les mystères de ces grandes infortunes, qu'il serait logique, suivant nous, de réclamer son conseil et de lui demander un concours efficace.

Aussi notre but est-il de faire connaître notre pensée sur cette grave question d'économie sociale, comportant avec elle une solution essentiellement pratique, en tout conforme à la constitution politique, ainsi qu'aux tendances démocratiques de notre pays.

III

Cette pensée que nous sommes prêt à défendre, cette pensée à laquelle nous serions fier d'attacher notre nom, consiste en la création d'un *Ministère de l'hygiène publique*, et l'institution d'une *Magistrature médicale*, aussi indépendante, aussi efficacement puissante, dans la sphère de ses attributions, que l'autorité judiciaire dans les affaires de son ressort et l'autorité municipale dans la gestion des intérêts communaux.

Que l'on saisisse bien nos vues : nous ne reproduisons pas ici le projet qui fut mis en avant, à une autre époque, par un célèbre penseur, et qui faisait de tout médecin un fonctionnaire public rétribué par l'Etat. Cette idée du Dr Buchez se rattachait à un plan systématique de réorganisation sociale dont nous n'avons point à apprécier le caractère et l'esprit ; qu'il nous suffise de rappeler qu'elle ne trouva aucun assentiment dans le corps médical. Nous voulons, nous, conserver au médecin toute sa liberté professionnelle ; mais nous désirons donner à son dévouement aux devoirs de sa profession une efficacité plus étendue et plus certaine et lui conférer le droit, corrélatif à ses devoirs, d'exercer en certains cas, au nom de la société, avec autorité et force exécutoire, une véritable magistrature, en tout ce qui concerne l'hygiène publique. Il ne faut plus, selon nous, qu'on borne la tâche du médecin au soin individuel des malades de sa clientèle, et que l'on se contente, tout au plus, de l'encourager, par quelques marques de considération, à émettre, à ses frais, dans des publications spéciales et peu répandues, le résultat de ses études et de ses observations; il faut désormais, à notre avis, que l'État investisse le médecin de la charge officielle de la santé publique, et qu'il lui donne, en conséquence, les moyens d'action nécessaires pour prescrire et faire exécuter toutes les mesures sanitaires que la science lui suggérera.

Nous ne demandons rien de moins que l'introduction d'un grand service de plus dans l'ensemble des services déjà institués par l'État : le service de la Santé publique a sa place légitime entre ceux de la Justice, de l'Instruction, des Travaux et du Commerce, de la Marine et de la Guerre. Les services déjà existants, quoique indépendants les uns des autres, fonctionnent harmoniquement, toujours en contact, mais sans conflit entre eux; pourquoi rêver des difficultés inextricables à l'introduction d'un service sanitaire ayant, lui aussi, son organisation propre et sa sphère d'action, indépendante, mais bien délimitée? Le ministère de l'intérieur a-t-il été désorganisé quand on a distrait de ses attributions le commerce et les travaux publics, pour en faire l'objet d'un ministère spécial? Ce n'est point en France, dans cette terre classique de l'organisation administrative, que l'on sera en peine, une fois l'érection d'un ministère de l'hygiène admise en principe, de coordonner l'action de la magistrature médicale avec la marche des institutions communales, sans jeter le désordre dans celles-ci, sans amoindrir la vitalité de celle-là. Il ne s'agit, d'ailleurs, que de régulariser plus logiquement et d'agrandir plus fructueusement pour le bien général la mission que la force des choses assigne parmi nous à l'homme de l'art. Nous avons des conseils de salubrité où l'élément médical est représenté; nos bureaux de bienfaisance et toutes les institutions charitables ont leur médecin; les colléges et lycées, les pensionnats, écoles, salles d'asile ont le leur; les grandes entreprises industrielles, les chemins de fer et jusqu'aux théâtres ont leurs docteurs attitrés : en tout et partout on a senti le besoin de recourir, dès qu'une question de santé ou de maladie se présente, à la seule autorité qui puisse prononcer en connaissance de cause. Mais il y a loin de cet appel fait *ad libitum* par les administrations diverses aux lumières de leur médecin salarié dont elles invoquent, quand il leur plaît, la voix consultative, à l'initiative qui, dans notre pensée, appartiendra de droit au médecin-magistrat, pour requérir d'office, en vertu de son ministère de salut public, la destruction des foyers miasmatiques, la fermeture ou l'assainissement des ateliers ou logements insalubres, la prohibition de la vente des aliments ou boissons de mauvaise qualité, la ventilation convenable et la dose d'aération nécessaire dans les établissements ouverts au public et dans les maisons particulières en construction, l'emploi et le règlement de la gymnastique dans les écoles et pensionnats, etc., etc. Nous n'énumérons pas ici; nous donnons seulement quelques indications des cas où le médecin, agissant d'office, nous le répétons, prescrira avec autorité ce qui doit être fait, ce qui doit être défendu; et nous demandons s'il n'est pas plus raisonnable d'ac-

corder légalement cette initiative efficace au phy-
siologiste qui sait à quelles conditions la santé se
conserve et dans quelles circonstances elle s'al-
tère; au praticien préoccupé nuit et jour, durant
sa laborieuse carrière, des moyens prophylac-
tiques et curatifs appropriés au temps, au lieu, à
l'âge, à la profession, à la constitution médicale
régnante; à l'observateur de profession, conseiller
intime du pauvre et du riche, pour qui nulle existence humaine n'a de mystère et nul foyer do-
mestique de secret; nous demandons s'il n'est
pas plus raisonnable de confier une haute édilité
hygiénique au médecin que d'abandonner le soin
de la salubrité, dans les villes, comme une affaire
de balayage, à un commissaire de police qui s'en
décharge sur un agent; dans les campagnes, à
un maire, personnage fort respectable sans doute,
mais qui certainement n'a point consumé ses
jours à étudier les conditions normales de la vie,
ou plutôt qui, de cela, convenons-en, ne sait pas
beaucoup plus que son garde-champêtre.

Dans nos jugements, pour apprécier l'état exact
des choses, nous pensons souvent beaucoup trop à
ce qui existe à Paris et dans quelques grands chefs-
lieux de département, et point assez à ce qui se
passe dans toute l'étendue de la France.

Cela posé, quelle sera l'organisation du service
médical élevé à la dignité, qui lui appartient, de
grand service de l'État, fonctionnant sous la direction suprême d'un ministre spécial? Il ne nous
appartient pas d'en tracer une limite rigoureuse.
Mais nous devons au public et au corps médical
en particulier l'énoncé de l'idée générale que
nous nous en formons. Pour nous, le principe
de l'institution proposée veut que tout médecin
soit virtuellement et de droit investi par l'État de

l'autorité d'un magistrat en matière d'hygiène publique; mais, dans les circonstances ordinaires, tout médecin n'exerce pas actuellement, et, de fait, cette magistrature dans sa plénitude d'action. Tous les médecins et officiers de santé d'un canton, ou, dans les grandes villes, d'une circonscription cantonale, forment ensemble un conseil de santé, se réunissant à des époques fixées, sous la présidence d'un d'entre eux, élu par leurs suffrages et institué par le ministre en qualité de délégué médical du canton, accrédité près l'administration préfectorale et les administrations communales de sa circonscription. Tout citoyen pourra faire ses réclamations et présenter ses vues sur des objets intéressant la santé publique, devant ce Conseil, ou, en cas d'urgence, à un de ses membres, et, ces réclamations examinées, le délégué médical cantonal, ou, en cas d'urgence, le médecin qui les aura reçues requerra de l'autorité municipale de la commune intéressée, la mesure sanitaire jugée opportune. Les délégués cantonaux formeront un conseil départemental d'hygiène, délibérant sur les intérêts sanitaires généraux du département, et confiant à son président, élu parmi ses membres, et institué par le ministre comme délégué départemental, le soin de s'entendre, pour l'exécution des décisions dudit conseil, avec le préfet du département, et de correspondre directement avec le ministre. Aucun traitement ne sera attaché aux fonctions de délégué médical; mais les frais de correspondance, de déplacement et de bureau seront indemnisés sur les fonds affectés par le budget au nouveau ministère. Des fonds seront également affectés pour toutes les publications que les conseils jugeront utile de répandre dans l'intérêt de

la santé publique. Au conseil départemental
d'hygiène, et, au besoin, à certains conseils de
santé cantonaux sera attaché un secrétaire rétribué.

Serions-nous obligés de faire remarquer au
corps médical que l'érection de la profession médicale en magistrature civile n'altérera en rien
l'indépendance du médecin? La gratuité et l'élection suffisent pour dissiper tout scrupule.

Il nous semble qu'il suffit aussi d'avoir ébau-
ché cette esquisse du plan proposé pour en faire
reconnaître sur-le-champ les immenses avan-
tages : le dévouement et la science des médecins
exerçant sur tous les points du pays se traduiront
désormais, avec un ensemble énergique, par des
mesures effectives, prises et exécutées avec autorité.

En présence de l'innovation radicale que nous
proposons, il devient à peu près inutile de faire
observer qu'en ce moment la France est, sous
certains rapports, au point de vue des institutions
hygiéniques, dans un état d'infériorité qui ne
peut durer, vis-à-vis d'une nation voisine. Qu'on
examine, en effet, l'organisation hygiénique de
l'Angleterre ; on constatera deux institutions
d'une grande importance : le *Register's office* et
le *General board of helth*. De cette manière, le
gouvernement a toujours une statistique médicale
exacte, et peut ordonner aux époques d'épidémie
telles dispositions jugées convenables par le conseil d'hygiène publique.

Chez nous, rien de semblable n'existe. En 1836,
l'Académie fut bien invitée à préparer un plan
général de conseils de salubrité départementaux;
mais le gouvernement a ajourné sa décision à cet
égard. Quelques villes possèdent, il est vrai, un

conseil de ce genre, mais sans aucune autorité et sans initiative. « Nous voyons cependant, dit un de nos savants professeurs, M. Michel Lévy, dans les temps anciens et chez tous les peuples, un véritable ministère de l'hygiène publique : Moïse d'abord, comme prophète du peuple saint; Lycurgue, comme législateur, et enfin Hippocrate, comme savant. Tous n'ont qu'un but, c'est de lutter contre la destruction, et ce qui les pousse, c'est l'instinct de la conservation. »

Grâce donc à l'organisation de la magistrature médicale en France, le droit divin des Asclépiades de présider à cette œuvre de conservation revivrait, mais transformé, selon l'exigence rationnelle des temps, dans le droit reconnu officiellement à la science médicale, d'imposer souverainement à l'administration publique ses bienfaisants arrêts, obéis comme ceux même de la justice.

Qu'on n'en doute pas, un ministère de l'hygiène publique en France serait une mesure digne des institutions nouvelles auxquelles nous devons nos progrès sociaux. Que de maladies, que d'épidémies, il pourrait prévenir ! Quelle source féconde de bien-être, principalement pour nos populations ouvrières !...

Le médecin devenant un magistrat, ayant une autorité dans la commune, et devenant l'égal officiellement d'un maire ou d'un conseiller municipal... Ce serait la première et la plus éclatante victoire des temps modernes ! la force matérielle s'inclinant devant cette vraie puissance de l'avenir, qui est la science. Il y aurait, en outre, au fond de cette idée, un progrès social immense accompli. Désormais, ce ne serait plus l'ignorance qui commanderait, ce ne serait plus les premiers venus qui conduiraient la société et qui lui imposeraient leur influence. Car, sur tous les points de la France seraient alors, sentinelles vigilantes de la société, des citoyens intelligents, les plus éminents par leur savoir, par leur instruction et par leurs connaissances positives des choses humaines.

Mais, objectera-t-on, le médecin acceptera-t-il ces fonctions publiques? Son indépendance sera-t-elle assez garantie dans cette magistrature nouvelle? J'ai hâte de répondre à cette objection qui, d'ailleurs, est indiquée. Et, pour cela, nous poserons la question suivante : Le maire, le juge de paix, le procureur impérial refusent-ils d'écouter le citoyen qui requiert la protection de la loi? Sans doute; mais le maire et le magistrat obéissent à la loi... Et qui guidera le médecin? A cela nous répondrons qu'il n'est pas possible qu'on ait oublié le souvenir de la conduite du corps médical dans les épidémies passées... Marseille, Toulon, Paris, Alexandrie, Amiens sont là pour répondre... Et ne sait-on pas encore depuis longtemps que, là où il y a des soins à donner, une douleur à calmer, un sacrifice à faire, souvent celui de la vie, le médecin n'a jamais fait défaut. Là est son champ d'honneur... Sans drapeau, sans stimulant, il combat toujours vaillamment et de sang-froid, en homme de bien qui ne relève que de sa conscience.

En un mot, le médecin éprouve dans toute sa plénitude un sentiment qui domine le triomphe de la vanité satisfaite, qui s'élève plus haut même que la gloire, c'est le sentiment que, par son travail, par son intelligence, par toutes ses pensées et ses actions, il contribue dans la mesure de ses forces au bien public, à la grandeur commune.

Faut-il ajouter enfin que tous ses vœux se bornent à envier cette couronne civique, mais posthume, de sincère patriote que lui décerne la postérité. Oui, c'est sa seule gloire et sa seule ambition.

PARIS. — IMP. VICTOR GOUPY, RUE GARANCIÈRE.